Ray and Yui's Montreal Adventure

레이와 유이의 몬트리올 모험

Written and Illustrated by Ryan Lim
Edited by Grace Kong

Greetings, dear readers!

I am thrilled to embark on this literary adventure with you. I wear
the proud titles of a children's book writer and a devoted father to
two wonderful sons.
As a parent, I've had the incredible privilege of witnessing the
boundless imagination and curiosity that reside within the hearts
of my boys. These experiences, filled with laughter, wonder, and
the occasional bedtime tale, have inspired me to weave stories that
captivate young minds and nurture the magic of childhood.

In this enchanting journey through the pages of my books, I invite
you to join me in exploring the wonders of imagination, the power
of friendship, and the importance of embracing life's adventures.
As a father, I understand the profound impact stories can have on
a child's growth and development, and I am dedicated to creating
tales that spark joy, foster empathy, and encourage the dreams
that make childhood so precious.

So, dear readers, whether you are a parent sharing these tales with
your little ones or a young adventurer embarking on this journey
alone, I hope my stories find a special place in your hearts. May
they inspire, entertain, and become cherished companions in the
beautiful tapestry of your family's storytelling tradition.

With warm regards,

Ryan Lim

독자 여러분, 안녕하세요!

여러분과 함께 이 문학적 여정을 시작하게 되어 기쁩니다. 저는 동화책
작가이자 멋진 두 아들의 아버지라는 자랑스러운 타이틀을 가지고
있습니다.

부모로서 저는 아이들의 마음속에 있는 무한한 상상력과 호기심을 직접
목격할 수 있는 놀라운 특권을 누리고 있습니다. 가끔씩 잠자리에서
들려주는 동화로 웃음과 즐거움이 가득한 경험은 어린 아이들의
마음을 사로잡고 어린 시절 상상력을 키워주는 이야기를 엮어내는데
많은 영감을 주었습니다.

제 책의 페이지를 넘나드는 상상력과 우정의 힘, 인생의 모험을 받아들
이는 열린 마음의 중요성을 찾아가는 이 매혹적인 여정에 여러분을
초대합니다. 저는 아버지로서 이야기가 아이의 성장과 발달에 미치는
깊은 영향력을 잘 알고 있기에, 기쁨과 공감을 불러일으키고
어린 시절의 기억을 소중하게 만드는, 그리고 꿈을 북돋우는 이야기를
만들어 나가려고 합니다.

독자 여러분, 이 이야기를 아이들과 함께 나누는 부모님이나 홀로 이
여정을 시작하는 젊은 모험가 여러분 모두 제 이야기가 여러분
마음속에 특별한 자리를 차지하길 바랍니다. 여러분 모두가 가족에
대한 이야기를 만들어가는 아름다운 전통을 만드는데 영감과 즐거움을
주고, 소중한 동반자가 될 수 있기를 바랍니다.

모든 독자 분들께 감사의 인사를 전합니다.

Ryan Lim

Shall we start on our journey to Montreal?
우리 함께 몬트리올 여행을 시작해 볼래?

Two brothers named Ray and Yui lived in the bustling heart of Seoul, Korea, where the cityscape echoed with the harmonious blend of tradition and modernity. Ray is a brave and adventurous 10-year-old boy, while Yui is a curious and playful 4-year-old.

레이와 유이 두 형제는 전통과 현대가 조화롭게 어우러진
도시인 한국의 서울에 살고 있었어요.
레이는 용감하고 모험심이 강한 10살 소년이고,
유이는 호기심 많고 장난기가 많은 4살 소년이에요.

One day, their parents surprised them with exciting news – they were moving to Montreal, a beautiful city in Canada!

어느 날, 부모님이 굉장한 소식을 전했어요! – 바로
캐나다의 아름다운 도시 몬트리올로 이사를 간다는
소식이에요!

As the family arrived in Montreal, Ray and Yui were amazed by the sights and sounds around them. The city was bustling with people from all over the world, speaking different languages and wearing colorful clothes. The brothers couldn't wait to explore their new home.

가족들이 몬트리올에 도착하자 레이와 유이는 주변의
풍경과 소리에 깜짝 놀랐어요. 도시는 전 세계에서 온
다양한 언어를 사용하고 화려한 옷을 입은 사람들로
북적거렸어요.
두 아이는 새로 이사온 이 도시를 빨리 둘러보고
싶어졌어요.

Montreal is a magical city nestled in the heart of Canada, where tall buildings touch the sky, and colorful flags dance in the wind. The city is surrounded by sparkling rivers and lush green parks where children can run and play.

몬트리올은 캐나다의 중심부에 자리잡은 마법같은
도시에요. 높은 빌딩이 하늘과 맞닿아 있고 형형색색의
깃발이 바람에 나부끼는 곳이죠.
이 도시는 반짝이는 강과 아이들이 뛰어놀 수 있는
푸르른 공원으로 둘러싸여 있답니다.

Their first adventure took them to a nearby park, where they discovered a group of children playing a game called "Ice Hockey". Ray and Yui were fascinated by the fast-paced sport and decided to give it a try.

첫 번째 모험을 떠난 두 아이는 집 근처 공원에서
'아이스하키'라는 게임을 하는 한 무리의 아이들을
발견했어요.
레이와 유이는 빠르게 진행되는 이 스포츠에 반해서
한번 도전해 보기로 결심했어요.

Imagine Ray and Yui, with big grins on their faces, sliding on the ice, trying to hit a little puck with tiny sticks. And oh, the laughter! With their new friends, they discovered the joy of teamwork and the thrill of zooming around the icy rink.

활짝 웃으며 조그마한 스틱으로 작은 퍽을 맞추려고
얼음 위를 미끄러지는 레이와 유이를 상상해보세요.
그리고 신나는 웃음소리도요!
새로운 친구들과 함께 팀워크를 이루고 아이스링크에서
즐거움과 스릴을 만끽하는 즐거움을 알게 되었어요.

Ray and Yui visited the famous Montreal Circus one sunny day. As they entered the circus tent, Ray and Yui held hands, their excitement palpable.
Ray pointed to the colorful decorations and exclaimed, "Look, Yui! Isn't this quite amazing? It's like a whole new world!"

레이와 유이는 어느 화창한 날 몬트리올에서 유명한 서커스를 방문했어요. 서커스 텐트에 들어선 레이와 유이는 손을 꼭 잡고 흥분을 감추지 못했어요.
레이는 화려한 장식을 가리키며 "유이야, 이것 봐! 정말 놀랍지 않니? 완전히 다른 세상 같아!" 라고 말했어요.

Yui, his eyes shining, replied, "Yes, Ray! Look at all the people and the beautiful lights!" Suddenly, a friendly clown approached the brothers. "Hello there! Are you excited for the circus?" He asked, his voice filled with warmth.

유이는 눈을 반짝이며 "맞아, 형! 이 많은 사람들과 아름다운 불빛을 봐!" 하고 대답했어요.
이때 갑자기 친근한 광대가 형제에게 다가왔어요.
"얘들아 안녕! 서커스가 기대되니?" 광대는 따뜻한 목소리로 인사했어요.

With a wide grin, Ray replied, "Yes, we are! We've never been to a circus before!" Sensing their curiosity, the clown continued, "Well, you're in for a treat! There will be daring acrobats, funny clowns, and so much more. And guess what? I can speak both English and Korean!" Yui's eyes widened in surprise. "Really? You can speak Korean, too?" He asked, his voice filled with wonder.

레이는 활짝 웃으며 "네, 신나요!" 라고 대답했어요.
"저희는 서커스에 가본 적이 없어요!" 아이들의 호기심을
눈치챈 광대는 계속 말했어요.
"그럼, 너희들은 아주 즐거운 시간을 보내게 될 거야!
용감한 곡예사, 아주 재미있는 광대 등 아주 다양한
볼거리가 있단다. 그리고 그거 아니? 나는 영어와 한국어를
모두 할 수 있단다!" 유이는 깜짝 놀라 눈을 크게 떴어요.
"정말요? 한국어도 할 수 있어요?" 유이가 궁금증이 가득한
목소리로 물었어요.

The clown nodded and replied, "Yes, indeed! I've learned a few phrases to make our Korean visitors feel welcome. How about I teach you a fun phrase?"
 Ray and Yui exchanged excited glances, eager to learn something new. The clown whispered them a simple greeting in Korean, and the brothers repeated it with enthusiasm

광대는 고개를 끄덕이며 "그럼, 물론이지! 한국인 방문객을
환영해주기 위해 몇 가지 한국어 표현을 배웠단다. 내가
재미있는 말 한가지 가르쳐 줄까?" 하고 말했어요.

레이와 유이는 새로운 것을 배울 수 있다는 기대감에 들뜬
눈빛을 주고 받았어요. 광대가 간단한 한국어 인사말을
속삭이자 두 형제는 큰 소리로 열심히 따라했어요.

As the circus performances began, Ray and Yui clapped and cheered, their laughter filling the air. They marveled at the acrobats soaring through the air and the clowns' hilarious antics. The brothers were captivated by the magic of the circus, their eyes sparkling with joy.

서커스 공연이 시작되자 레이와 유이는 박수를 치고 환호성을 지르며 웃음이 가득했어요. 공중을 날아다니는 곡예사들과 광대들의 익살스러운 장난에 형제는 감탄했어요. 두 형제는 서커스의 마법 같은 매력에 빠져들었고 두 눈은 기쁨으로 반짝였어요.

The brothers' next adventure took them to a colorful street market, like a magical food carnival. There were smells that made their tummies dance with happiness.

두 형제는 다음 모험을 위해 마치 음식 축제를 하는
것처럼 화려한 거리의 시장으로 향했어요. 맛있는
냄새가 가득해서 아이들의 배가 마치 행복한
춤을 추는 것처럼 느껴졌어요.

They tasted poutine, a delicious Canadian dish made with crispy fries, cheese curds, and gravy. Yui's face lit up with delight as he licked his fingers and exclaimed, "This is the best food ever!" Ray smiled and said, "There's so much more to try in Montreal, Yui. Let's be brave and explore new flavors together!"

형제는 바삭한 감자튀김과 치즈, 그레이비소스로 만든 맛있는 캐나다 요리인 푸틴을 맛보았어요. 유이는 환한 얼굴로 손가락을 핥으며 "최고의 요리야!" 라고 외쳤어요. 레이는 미소를 지으며 "유이야, 몬트리올에는 맛볼게 더 많아. 우리 용기를 내서 새로운 맛을 함께 찾아보자!" 라고 말했어요.

After lunch, their parents took them to explore Old Montreal, a historical part of the city. As they walked down the cobblestone streets, Ray noticed Yui's inquisitive gaze fixed on the street performers. "Yui, do you want to join them?" Ray asked, nudging his little brother playfully. Yui hesitated for a moment before nodding eagerly. "Yes, Ray! Can we, please?"

점심 식사 후 부모님은 두 아이를 데리고 몬트리올의
역사적인 지역인 올드 몬트리올을 둘러봤어요. 자갈로
포장된 길을 걸으며 레이는 유이가 호기심 어린 눈으로
거리 공연을 하는 사람들을 보고 있는 것을 발견했어요.
"유이야, 우리도 같이 해볼래?" 레이는 동생에게 장난
스럽게 물었어요. 유이는 잠시 망설이다가 열심히 고개를
끄덕였어요. "좋아, 형! 같이 해볼까?"

Ray smiled, realizing his little brother's curiosity mirrored his adventurous spirit. Together, they approached the street performers, clapping along with the music and imitating the dance moves. The performers, delighted by the brothers' enthusiasm, encouraged them to join in the fun.

레이는 동생의 호기심이 자신의 모험심과 닮았다는 것을
깨닫고 씨익 웃었어요. 두 형제는 함께 거리 공연자들에게
다가가 음악에 맞춰 박수를 치고 춤 동작을 따라했어요.
형제의 열정에 반한 공연자들은 함께 춤을 추자고
권유했지요.

As Ray and Yui danced and laughed with the street performers, their bond as brothers grew even stronger. They discovered that through shared experiences, even in a new city, they could create lasting memories and find joy in each other's company.

레이와 유이는 거리 공연자들과 함께
춤추고 웃으며 형제애가 더욱 돈독해 지는
것을 느꼈어요. 두 형제는 새로운 도시에서도
함께 경헙을 하면서 오래도록 기억에 남을
추억을 만들고 서로의 곁에서 함께 기쁨을
느낄 수 있다는 것을 깨달았어요.

Ray and Yui's journey also introduced them to new friends. At a park, they met Radita, a friendly girl who spoke both English and French. Ray and Yui embraced the beauty of language. They learned to say "hello" and "thank you" in French, the official language of Montreal, and shared their Korean phrases with newfound friends.

레이와 유이는 새로운 친구들도 만나게 되었어요.
공원에서 영어와 프랑스어를 모두 할 줄 아는
친절한 소녀 라디타를 만났어요.
레이와 유이는 새로운 언어의 아름다움을 알게
되었어요. 라디타에게 몬트리올의 공용어인
프랑스어로 "안녕하세요"와 "감사합니다"를 배우고
한국어 인사말을 가르쳐주었어요.

They discovered that language was a bridge that connected people from different cultures, fostering understanding and friendship. Ray and Yui met many new friends from many other countries and learned different languages and cultures from them.

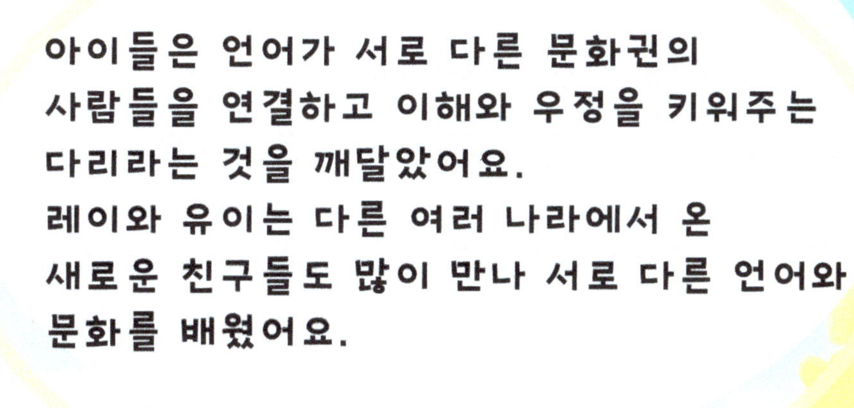

아이들은 언어가 서로 다른 문화권의
사람들을 연결하고 이해와 우정을 키워주는
다리라는 것을 깨달았어요.
레이와 유이는 다른 여러 나라에서 온
새로운 친구들도 많이 만나 서로 다른 언어와
문화를 배웠어요.

As time went by, Ray and Yui discovered many more exciting places in Montreal. Montreal, a city of hidden gems, unfolded its treasures to Ray and Yui. They visited the stunning Notre-Dame Basilica. The Notre-Dame Basilica was like a castle with colorful windows telling tales of brave knights.

시간이 지날수록 레이와 유이는 몬트리올에서 흥미로운
장소를 더 많이 발견하게 되었어요. 숨겨진 보석 같은
도시 몬트리올은 레이와 유이에게 보물을 펼쳐 보였어요.
아이들은 멋진 노트르담 대성당을 방문했어요. 노트르담
대성당은 마치 용감한 기사들의 이야기를 들려주는
화려한 창문이 있는 성 같았어요.

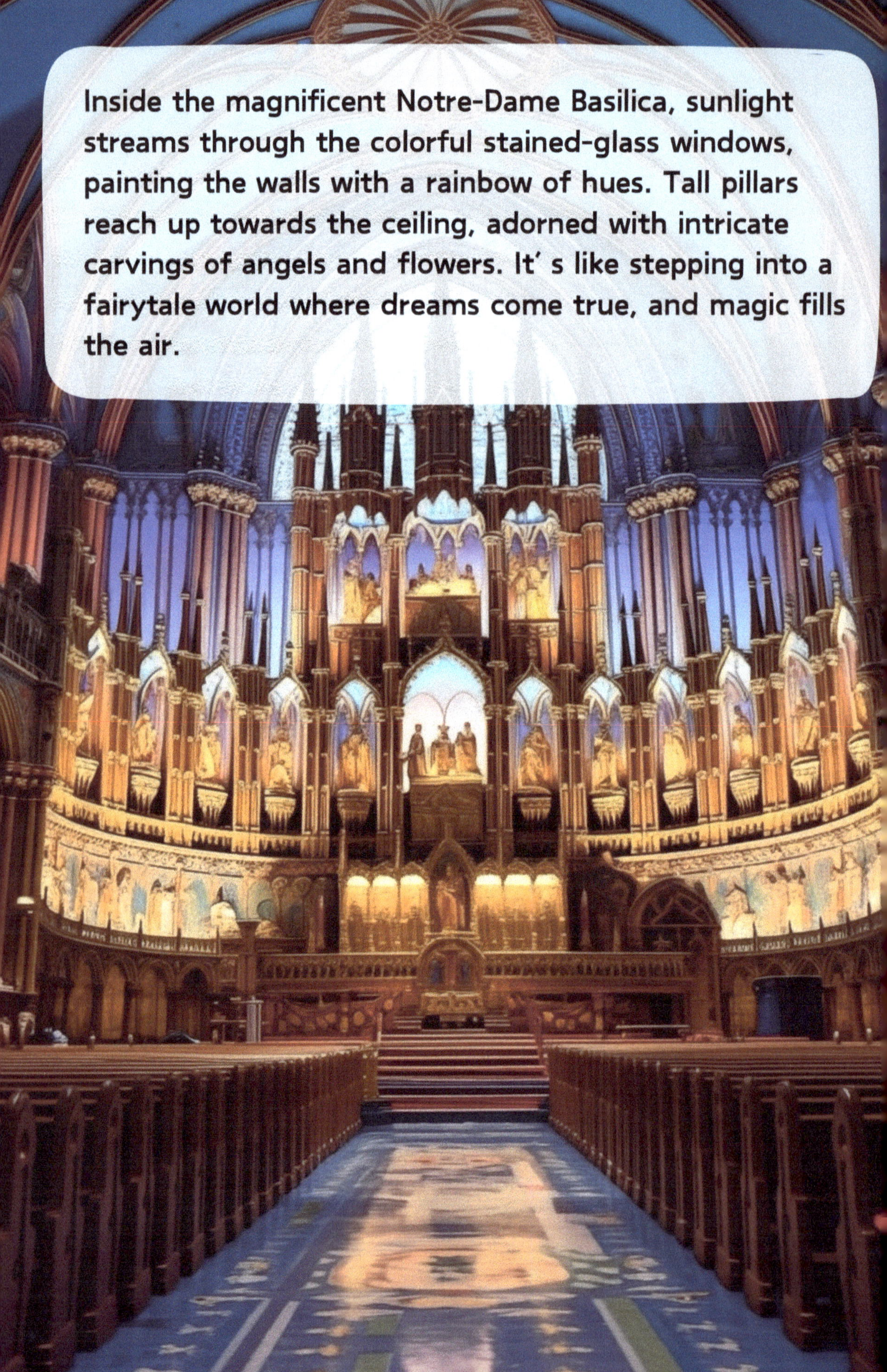

Inside the magnificent Notre-Dame Basilica, sunlight streams through the colorful stained-glass windows, painting the walls with a rainbow of hues. Tall pillars reach up towards the ceiling, adorned with intricate carvings of angels and flowers. It' s like stepping into a fairytale world where dreams come true, and magic fills the air.

웅장한 노트르담 대성당 내부에는 화려한 스테인드글라스
창문을 통해 햇빛이 쏟아져 들어와 벽을 무지개 빛깔로
물들였어요. 높은 기둥이 천장을 향해 뻗어 있으며 천사와
꽃이 정교한 조각으로 장식되어 있었죠.
마치 꿈이 이루어지고 마법이 가득한 동화 속 세계로
들어온 것 같은 착각이 들 정도였어요.

Ray and Yui explored the Biodome, where they learned about different animals and their habitats. The Biodome was a zoo filled with amazing animals from all over the world. They embarked on a thrilling adventure through different ecosystems from around the world.

레이와 유이는 바이오돔을 탐험하며 다양한 동물과 그 서식지에 대해 배웠어요. 바이오돔은 전 세계의 놀라운 동물들로 가득한 동물원이에요. 두 아이는 전 세계의 다양한 생태계를 향해 스릴 넘치는 모험을 떠났어요.

They explored the lush rainforest, where colorful birds flutter among the trees, and mischievous monkeys swing from branch to branch. They could dive into the depths of the ocean, where playful penguins waddle on the icy shores, and graceful fish glide through the water. With every step, a new and exciting world is waiting to be discovered, filling their hearts with awe and wonder.

나무 사이로 형형색색의 새들이 날아다니고 장난꾸러기 원숭이들이 나뭇가지 사이를 뛰어다니는 울창한 열대 우림을 탐험했어요. 장난기 가득한 펭귄이 얼음 위를 뒤뚱거리며 걷고, 우아한 물고기가 물속을 헤엄치는 바다 속 깊은 곳으로 뛰어들기도 했어요. 한 걸음 한 걸음 내딛을 때마다 새롭고 흥미로운 세상이 기다리고 있었고, 아이들의 가슴속은 놀라움과 경이로움으로 가득차게 되었답니다.

Ray and Yui always looked out for each other throughout their adventures. Ray protected Yui when they climbed up the steep Mont-Royal hill, and Yui reminded Ray to slow down and enjoy the little things, like chasing butterflies in the park.

레이와 유이는 모험을 하는 내내 항상
서로를 지켜주었어요. 가파른 몽로얄 언덕을
오를 때 레이는 유이를 돌봐 주었고, 유이는
형에게 속도를 늦추고 공원에서 나비를
쫓는 것처럼 사소한 것들을 즐기면서 가자고
얘기했어요.

Their conversations were filled with laughter, questions, and a genuine curiosity about the world around them. Ray and Yui's interactions showcased the beauty of sibling bonds as they encouraged and inspired each other to embrace new adventures and learn from their surroundings.

두 형제의 대화는 웃음과 질문, 그리고 주변 세상에 대한
순수한 호기심으로 가득했어요. 레이와 유이의 대화는
새로운 모험을 받아들이고 주변 환경으로부터 배우도록
서로를 격려하고 북돋아주는 아름다운 형제애를
보여주었어요.

As the sun set on one day in Montreal, Ray and Yui sat together, reflecting on their incredible journey. Ray and Yui realized that their adventure had not only taught them about a new city but also about the importance of embracing different cultures, making friends, and exploring the world with open hearts and minds. They also felt a strengthening of their bond as brothers.

몬트리올의 어느 날 해가 질 무렵, 레이와 유이는 함께 앉아 그 동안의 놀라운 여정을 되돌아 보았어요.
레이와 유이는 이번 모험을 통해 새로운 도시뿐만 아니라 다양한 문화를 받아들이고, 새로운 친구를 사귀고, 열린 마음으로 세상을 탐험하는 것이 얼마나 중요한지 깨닫게 되었어요.
또한 형제로서의 유대감도 더욱 돈독해 졌어요.

"Ray, thank you for sticking with me through all of the amazing things," Yui whispered, his voice filled with gratitude.

Ray hugged his little brother tightly and replied, "No need to thank me, Yui. We're in this together, experiencing new things and making memories that will last a lifetime."

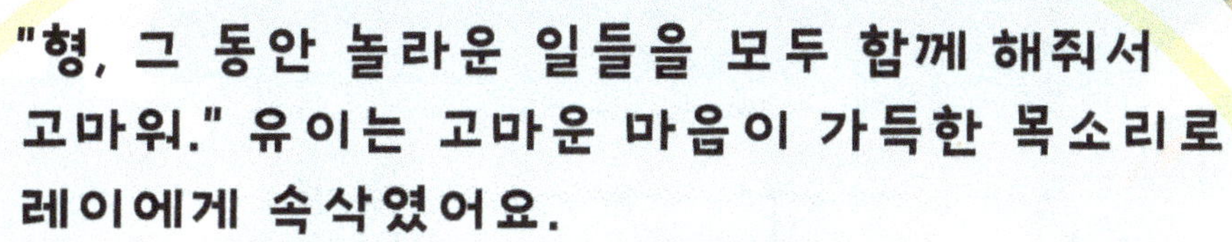

"형, 그 동안 놀라운 일들을 모두 함께 해줘서 고마워." 유이는 고마운 마음이 가득한 목소리로 레이에게 속삭였어요.
레이는 동생을 꼭 껴안으며 말했어요. "나한테 고마워할 필요 없어, 유이야. 우리는 함께 새로운 것을 경험하고 평생 기억에 남을 추억을 만들고 있잖아."

Mont-Royal Park
몽로얄 공원

Shall we
get to know
Montreal
a little more?

몬트리올에 대해
좀 더 알아볼까요?

Hey there! Montreal is a really cool city in Canada that I think you'll find super interesting! It's like a magical place where people speak both English and French, so you might hear different languages while walking around.
Imagine you're in a city with lots of colorful buildings and amazing festivals happening throughout the year. One of the most famous festivals is the "Montreal International Jazz Festival," where you can hear awesome music from all around the world!

About Montreal

안녕! 몬트리올은 캐나다의 정말 멋진 도시로 여러분도 매우 흥미로워 할 거예요! 사람들이 영어와 불어를 모두 사용하는 곳이라서 걸어 다니다 보면 다양한 언어를 들을 수 있는 마법 같은 곳이에요.

화려한 건물이 많고 일 년 내내 멋진 축제가 열리는 도시에 있다고 상상해 보세요. 가장 유명한 축제 중 하나는 전 세계의 멋진 음악을 들을 수 있는 "몬트리올 국제 재즈 페스티벌"이에요!

Now, picture this: Montreal has a giant mountain in the middle of the city called Mont-Royal. It's like a big playground where you can climb, explore, and see the city from way up high. It's so much fun!

And guess what? In the winter, Montreal turns into a snowy wonderland! People love to go ice skating, build snowmen, and have snowball fights. You might even see some really cool ice sculptures!

Oh, and let's not forget about the delicious food! Montreal is famous for its bagels and poutine. Bagels are like extra yummy bread, and poutine is a tasty dish with fries, cheese, and gravy. Yum!

So, Montreal is like a city full of adventure, languages, music, mountains, and tasty treats. It's a place where you can have so much fun and learn new things every day. How cool is that?

About Montreal

이제 이 모습을 상상해 보세요: 몬트리올에는 마운트로열이라는 거대한 산이 도시 한가운데에 있답니다. 이 산에 올라가서 높은 곳에서 도시를 둘러보고 탐험할 수 있는 커다란 놀이터와 같은 곳이에요. 정말 재미있겠죠!

그리고 그거 아세요? 겨울이 되면 몬트리올은 눈덮인 원더랜드로 변해요! 사람들은 아이스 스케이트를 타고, 눈사람을 만들고, 눈싸움을 하는 것을 좋아하죠. 정말 멋진 얼음 조각품도 볼 수 있다니까요!

아, 그리고 맛있는 음식도 잊지 마세요! 몬트리올은 베이글과 푸틴으로 아주 유명해요. 베이글은 부드럽고 맛있는 빵이에요. 푸틴은 감자튀김, 치즈, 그레이비 소스가 들어간 맛있는 요리랍니다. 맛있겠죠?

이처럼 몬트리올은 모험, 언어, 음악, 산, 맛있는 음식으로 가득한 도시랍니다. 매일 새로운 것을 즐기고 배울 수 있는 곳이에요. 얼마나 멋진가요?